Contraste insuffisant

NF Z 43-120-14

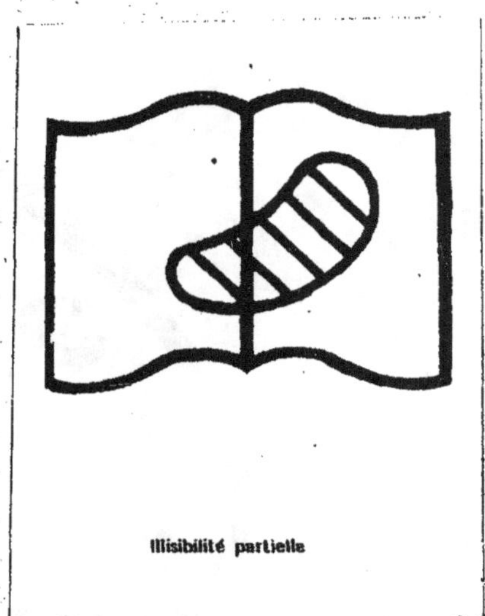

Illisibilité partielle

Valable pour tout ou partie
du document reproduit

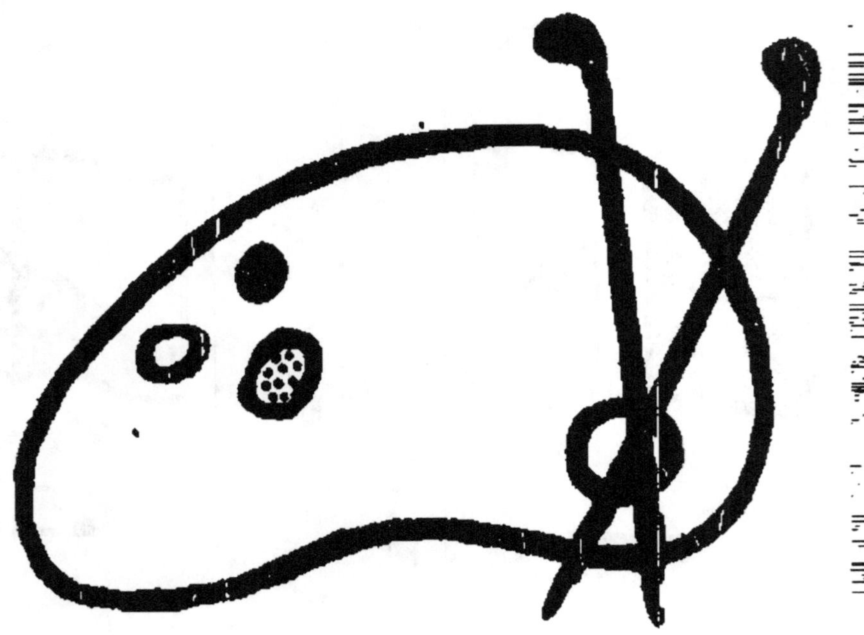

Original en couleur

NF Z 43-120-8

SULLY

A LA ROCHELLE

A PROPOS D'UN ALBUM

PAR

MESCHINET DE RICHEMOND

Archiviste de la Charente-Inférieure. — Correspondant du Ministère de l'Instruction
publique pour les travaux historiques.

LA ROCHELLE

IMPRIMERIE A. SIRET, PLACE DE LA MAIRIE, 3

SULLY A LA ROCHELLE

A PROPOS D'UN ALBUM.

« La mode, vous le savez, est aux collections photographiques. Cependant il ne faut accepter la ressemblance photographique que sous bénéfice d'inventaire, elle nous abuse quelquefois par son exactitude même. Elle n'offre qu'une image d'une vérité toute matérielle, toute extérieure et qui, par conséquent, n'est que la moitié de la vérité. Comment compléter, au moins en partie, ces témoignages insuffisants ? » L'aimable académicien, qui nous a inspiré ces considérations, en sait un moyen. « Il faudrait, dit M. Legouvé, dans un tel album, ajouter à l'image du modèle quelques lignes de son écriture. L'écriture est aussi un portrait, comme la démarche, comme les gestes, comme la voix, comme tout ce qui émane de nous. »

Nos pères ignoraient la merveilleuse découverte de

Daguerre, mais ils remplaçaient la photographie par l'autographie.

Pour avoir toujours présente la chère image des absents, pour tromper les douleurs qui ne peuvent être consolées, ils réunissaient quelques lignes de l'être aimé, une pensée morale ou religieuse, un témoignage d'amitié; une poésie avec la signature du frère, de la sœur, de l'ami, du maître vénéré.

Un de ces albums — récemment découvert chez de pauvres cultivateurs par un de nos amis (1) qui a bien voulu le transcrire à notre intention, pendant qu'il offrait l'original à un bibliophile parisien (2) — un de ces albums m'a frappé par son caractère particulier et, pour le mieux étudier, j'ai essayé d'évoquer — à l'aide des manuscrits du temps — le souvenir de la vieille Rochelle dans sa splendeur, sous le règne d'Henri IV, au moment où elle reçut Sully dans ses murs.

Cette grande époque a imprimé son caractère à toutes les manifestations de l'art et de la vie, aux monuments écrits aussi bien qu'à l'architecture, au mobilier, au costume, aux lettres, à l'imprimerie. Le commerce et l'agriculture prenaient en même temps un merveilleux essor.

L'album de Guillaume Rivet est relié en vélin de Hollande, orné d'un écusson gaufré et doré sur les plats. La tranche est également dorée et ciselée.

C'est une série d'autographes avec devises hé-

(1) M. Ernest Chatonet, juge-de-paix à Versailles.
(2) M. Alfred André.

braïques, grecques, latines et françaises datées en
1601 et 1602, de Delft, Lubeck, Leyde, Rotterdam et
Paris.

Aux souvenirs des Académies, Rivet a joint des notes
de familles de 1604 à 1650, qui font aimer l'homme en
le montrant entouré de ses enfants, puis dans sa « *dé-
serte vieillesse* » attendant la céleste patrie. (1) Ces écri-
tures si variées, flamandes, hollandaises, françaises,
tout en conservant leur individualité, présentent cependant quelque analogie dans leurs traits généraux.
A la calligraphie méthodique du Moyen-Age, chargée
d'abréviations systématiques, a succédé une écriture
plus personnelle, plus libre, une cursive aux lettres
très-rapprochées les unes des autres, remarquables
par leur régularité et conservant la forme anguleuse,
comme un dernier vestige des traditions gothiques.
Les initiales sont jetées rapidement, mais avec har-
diesse. Le nom de baptême fait place à une simple
majuscule ou disparaît même entièrement. La signature magistrale, parfaitement lisible et très-allongée,
plus droite chez Henri IV, plus inclinée chez Sully ;
chez Joseph Scaliger, l'un des plus célèbres philo-
logues dont s'honore la France, comme chez l'his-
torien Paul Merula (de Dordrecht) ; chez François
Junius (de Heidelberg) comme chez le théologien
François Gomar, le rochelais Daniel Chanet, l'éminent
adversaire de Charron ou l'humaniste Isaac de Ca-
saubon. L'écriture très-allongée de Philippe de Mornay
ou de Merlin se trouve aussi, mais plus arrondie et

____

(1) Né en 1580, il mourut en 1651.

plus inclinée, chez les femmes, témoin la signature de la belle-sœur de Rivet et d'Anne Oyseau qui a tracé cette pensée religieuse avec son cœur et sa foi : « *Mourir pour vivre !* » C'est aussi le caractère de la ferme signature du sculpteur Germain Pilon, l'émule de Jean Goujon et de celle de l'illustre architecte Philibert De Lorme, que ... Benjamin Fillon avait exposée au Congrès scientifique de Nantes.

I

Si le grand mouvement de la Renaissance a amené dans l'écriture des modifications si sensibles, son influence se reflète encore plus vivement dans les édifices construits d'après les nouveaux principes qu'elle avait apportés et où les souvenirs de l'antiquité se fondent harmonieusement avec les besoins d'une civilisation nouvelle. Nous en avons conservé des témoignages encore vivants ; nous citerons tout d'abord le type le plus complet et le plus curieux des monuments artistiques de cette époque privilégiée, c'est-à-dire la maison dite d'Henri II, sise rue des Augustins.

Essaierons-nous de la décrire, les eaux-fortes l'ont popularisée avec infiniment plus de vérité que nous ne pourrions la retracer par des paroles.

Ces trois corps de logis dont les corniches reposent sur des consoles finement ciselées, ces frises ornées de sacrifices, ces portes et fenêtres encadrées dans des cintres élégants, ces ordres ionique et dorique superposés, ces combles élevés, percés de lucarnes enrichies avec tant de goût et de sobriété, ces sculptures si variées, sans rompre jamais l'unité de la composition, tous ces détails se combinent pour former un joyau d'architecture bien connu des Rochelais, visité par tous les touristes.

Les demeures bourgeoises se revêtaient à leur tour des formes élégantes de la Renaissance et annonçaient le triomphe de l'art classique sur les réminiscences ogivales. Les tourelles se suspendent à l'angle des rues, les façades s'enrichissent de sculptures délicatement exécutées.

Le burin de M. O. de Rochebrune a popularisé la ravissante et harmonieuse façade du logis de la rue du Minage.

Les maisons bourgeoises paraissent avoir généralement été construites sur un plan uniforme.

Sous le porche s'ouvre une petite porte élégamment mais sobrement ornée, souvent armoriée — la Mairie conférait la noblesse. Cette entrée contraste par un certain air de réserve et de discrétion avec le large abri de l'arcade accessible à tous les passants. Des versets de l'Écriture Sainte sont gravés sur des cartouches au-dessous des fenêtres et rappellent le contraste entre la fragilité de nos habitations d'ici-bas et l'éternelle patrie. « *Nous savons que si notre demeure terrestre dans cette tente est détruite, nous avons dans le ciel une maison qui vient de Dieu, une maison éternelle qui n'a pas été faite par la main des hommes.* » (1)

(1) 2 Corinthiens, I, v. 1.

Les chrétiens des deux communions se conforment à cette pieuse coutume, ainsi que l'attestent les inscriptions tantôt latines et tantôt françaises. Elle se perpétua jusqu'au dix-huitième siècle, puisque nous lisons sur un porche du cours Richard, sous la date 1733 : « *Nul œil n'a veu, ni oreille oui et n'est monté en cœur d'homme ce que Dieu prépare à ceulx qui l'aiment.* » (*I épitre aux Corinth., II chapitre, v. 9.*) La décoration de la façade commence aux étages supérieurs, s'épanouit en gargouilles démesurées, en lucarnes richement ornementées. A l'intérieur, un vestibule avec large escalier où les balustres se pressent le long des rampes, puis une cour à galeries, sur laquelle s'ouvre un second corps de logis, décoré avec goût, parfois avec magnificence.

Les caves même présentent des piliers et des clefs de voûte ornées. On pourrait écrire une histoire de la Rochelle souterraine.

Les boiseries sont sculptées avec élégance ainsi que les meubles.

Les manteaux des hautes cheminées sont décorés de médaillons délicatement fouillés. On y voit fréquemment des sujets bibliques. Mentionnons entre autres le sacrifice d'Abraham et Jésus et la Samaritaine.

M. Lancelot, dont le burin a traduit avec un si vif sentiment du passé nos vieilles constructions rochelaises, évoque à leur sujet le souvenir de Venise. Michelet rapproche la Hollande de la Rochelle d'Henri IV. Les deux parallèles sont certainement exacts ou plutôt notre cité, « l'Amsterdam française, » avait un caractère profondément original dans ces temps de prospérité.

Les monuments publics ne sont pas moins somptueux que les constructions privées. La façade intérieure de l'Hôtel-de-Ville (1606) avec sa riche et harmonieuse ordonnance lutte de splendeur, mais sans l'éclipser, avec la maison dite d'Henri II. Le Palais du Présidial (1604) représente avec plus de sobriété la même école architecturale ; malheureusement de l'édifice d'Henri IV il ne nous reste que quatre portes élégantes ; la façade actuelle du Palais de Justice date d'une époque plus récente, 1789. La Grosse-Horloge, la fontaine des Petits-Bancs, le Collége avaient reçu d'importantes modifications.

L'architecture religieuse de la Renaissance produisit le grand Temple, qui coûta quarante mille livres et fut bâti sur les plans du célèbre architecte des Tuileries, Philibert De Lorme.

Notre bien regretté collègue, M. l'abbé Cholet — (Comment ne pas nous rappeler son digne collaborateur M. l'abbé Th. Grasilier, assis au milieu de nous dans cette enceinte l'année dernière, et qui laisse aujourd'hui un grand vide dans nos rangs et dans nos cœurs?) — a publié, (3) d'après M. Jourdan, la description de ce monument qui, au témoignage de Mervault, « *tant par sa grandeur et architecture que par son admirable charpente, est estimé de tous ceux qui le voient pour un des plus beaux chefs-d'œuvre qui puissent se voir.* » Après avoir servi quinze ans au culte réformé, devenu l'église paroissiale Saint-Barthélémy du grand Temple en 1620, puis converti en Cathédrale

(3) Notice historique sur la Cathédrale de la Rochelle. — Imp. J. Deslandes — 1862, in-8o, pages 53, &.

en 1648, il fut incendié par quelques étincelles du feu de joie allumé le 9 février 1687.

Grand et puissant dans toutes ses conceptions, excellent et achevé dans les œuvres d'art, le seizième siècle a jeté un vif éclat dans les œuvres littéraires et l'instruction publique à tous ses degrés était à la Rochelle l'objet d'un soin tout spécial, témoin : les cours du collége, — la faculté de théologie avec ses chaires fondées par Jeanne d'Albret, — l'éducation de la jeunesse catholique, sous le patronage des cinq curés, dont le chapitre avait alors pour recteur Jacques Guytard, de Niort, docteur en Sorbonne, — la prospérité des études médicales, — la puissance de la vie intellectuelle qui se manifeste par la richesse de la bibliothèque ou *librairie* publique ouverte en 1606 dans le temple Saint-Yon et par la discussion publique des thèses devant un auditoire passionné pour les luttes de la pensée, — l'activité des presses rochelaises, — la juste célébrité des Haultin, tout à la fois graveurs, fondeurs de caractères et imprimeurs en lettres, qui avaient adopté pour marque « la Religion chrétienne élevant d'une main la Bible, appuyée de l'autre sur la croix du Sauveur et foulant aux pieds la mort et le joug brisé du péché. » Le premier livre imprimé en langue basque, l'Évangile, les grammaires hébraïque et chaldaïque, les œuvres de Marnix de Sainte-Aldegonde et du roi d'Écosse Jacques VI sont sortis des presses rochelaises des Haultin.

Pendant que l'activité intellectuelle se manifestait d'une manière si brillante, le commerce maritime prenait à la Rochelle un développement inconnu jusqu'alors.

La compagnie des Indes, autorisée par lettres patentes du 1er juin 1604, jeta de profondes racines dans notre port, d'où devait partir deux ans après, pour la Nouvelle-France « *au milieu d'une forêt de mâts de navires,* » le *Jonas* armé par deux rochelais Macquin et Samuel George et monté par Pierre du Guâ, seigneur de Monts, nommé lieutenant-général par Henri IV et investi du privilége exclusif du commerce des pelleteries.

L'agriculture n'était pas moins florissante que le commerce maritime. Un huitième du pays d'Aunis, couvert de marécages, fut rendu à la culture, grâce à l'initiative de Hunfrey-Bradlay, « personnage fort eptendu au desséchement et diguage des terres inondées », que le Roi avait fait venir des Pays-Bas, dès 1599, en accordant des lettres de noblesse à douze de ses associés.

Henri IV et la génération belliqueuse qu'il avait menée à la victoire imprimèrent même au costume un caractère définitif. C'est de cette époque que date la rupture avec les modes anciennes. Alors les hommes adoptèrent les vêtements adhérents au corps, les surtouts à manches serrées, les chapeaux de feutre et les chaussures fermées. Alors les dames ont pris les vêtements qui ont formé le fonds commun sur lequel vont se dessiner désormais des variations sans nombre, pour revenir toujours au type primitif. D'Aubigné nous a conservé les noms des soixante-dix nuances que les femmes turques fabriquaient à Paris pour les quatre jupes superposées du costume féminin. Quelle riche palette ! « *Couleur de sel à dos, aurore, nacarade, turquoise, orangé, zizolin, triste amie, feuille morte, amarante, céladon, astrée, face grattée, couleur de rat, singe mourant, couleur de Judas, gris de ramier, ventre de biche, couleur de temps perdu, de pain bis, trépassé revenu, râcleur de cheminée*, etc.

L'industrie nationale de la soie et du velours prit dès lors une vaste extension. Le Béarnais, qui renouvelait tous les cinq ans ses lois somptuaires, donnait d'ailleurs l'exemple de la sévérité du costume. Il ne s'habilla le plus souvent que de chausses grises et d'un pourpoint de soie noire, sans balafres ni passements. Son plus beau vêtement était un pourpoint de satin blanc avec un manteau noir et un chapeau à plumes noires. Il introduisit au Louvre les grandes bottes molles en cuir de Russie qui rappelaient ses longues chevauchées. A son exemple, le soldat s'habilla de cuir et de drap et l'armure sombre se couvrit d'un vernis brun et noir qui en facilitait l'entretien. L'écharpe blanche des huguenots devint un emblême national, qui, en disparaissant de l'uniforme au commencement du XVIIIe siècle, fut attachée à la hampe des drapeaux.

II

Après avoir ainsi indiqué les traits principaux de la physionomie de la Rochelle d'Henri IV, après avoir brièvement rappelé la splendeur de ses édifices, l'activité de ses écoles, l'essor de son commerce, nous voudrions solliciter la bienveillante attention de nos auditeurs pour essayer de placer sous leurs yeux un tableau vivant des mœurs de nos ancêtres et nous avons trouvé les éléments de cette peinture dans les divers récits de l'entrée de Sully à la Rochelle.

Le « bien bon ami des Rochelais », dans cette vie mêlée d'efforts et de misères — j'y comprends surtout ses vices — mais toute enflammée de l'amour du bien public, Henri IV,

Le seul Roi dont le peuple ait gardé la mémoire,

a fermé l'ère des discordes civiles, il a rendu à la France l'union et la prospérité, il a proclamé la liberté religieuse par l'Edit de Nantes et il veut assurer la paix de l'Europe et la prépondérance de notre patrie par cette grande confédération, « *la respublique chrestienne* » dont Sully nous a conservé le plan.

Confident de la pensée de son maître et de son ami, Maximilien de Béthune, marquis de Rosny, qui devait illustrer plus tard le titre de duc de Sully, grand voyer de France, surintendant des finances, grand maître de l'artillerie et des fortifications, vient en Poitou, puis à la Rochelle en qualité de lieutenant-général pour le Roi en ses pays de Poitou, Chastelleraudois et Loudunois. Ses traits énergiques nous ont été conservés par les médailles et les monnaies qu'il fit frapper comme prince souverain d'Enrichemont. La tête est puissante, le front large et découvert. Dans cette mâle physionomie, il y a du grand seigneur, du capitaine et du penseur habitué aux longues méditations. Le regard annonce la résolution et la ténacité.

Les Rochelais n'étaient pas trop bien venus en cour. On les représentait au Roi comme fiers et hautains, défiants, mais surtout fort entêtés de leurs priviléges « *qu'ils disent avoir obtenus des précédents rois pour récompense des grands et recommandables services qu'ils leur avaient rendus* », écrit Sully, rapportant les propres termes de la harangue de Paul Yvon, sieur de Laleu, « *que Votre Majesté connaît très-bien.* » — Toutefois le ministre ne partage pas ces préventions, il ne les rappelle que pour montrer que les Rochelais sont sincères amis de son maître. Ces Rochelais qui ne reconnaissent d'autre gouverneur que le Roi et le Maire « *n'ont pas laissé*, ajoute Sully, *d'en user tout* » *ainsi que s'ils m'eussent reconnu pour leur gouver-* » *neur, et de procéder en mon endroit comme toutes* » *les autres villes.* »

Le corps de ville de la Rochelle avait voté à Sully une réception vraiment royale.

Le vendredi 2 juillet 1604, sur les huit heures du matin, les salves d'artillerie annoncent l'arrivée de Sully. Du faubourg Saint-Eloy jusqu'aux salines, des gens de pied en armes forment la haie. Entre le rateau et la porte de Cougnes (près de l'église Notre-Dame) une compagnie attend le cortége. Le Maire — Jean Salbert, écuyer, sieur de Romaigné, Saint-Xandre, la Jarne en Aunis, Forges et Soulignonne, en Saintonge — était à cheval. Il portait la toge de velours rouge des solennités et la toque brochée d'or, et était accompagné des échevins vêtus de robes d'écarlate et des membres du corps de ville. Le peintre officiel de la commune rochelaise avait dessiné les costumes et réglé tous les détails du cérémonial. Soixante jeunes gens à cheval et un nombreux et brillant cortège de bourgeois en armes forment l'escorte, rencontrent Sully au-delà du poste le plus avancé et l'accompagnent avec pompe jusqu'à la place du Château, où les milices, sous les armes font une triple salve de mousqueterie. « Rosny, après le service divin, auquel il voulut assister dans le grand Temple nouvellement construit, reçut dans son appartement — au témoignage du Père Arcère — les compliments du Consistoire, Merlin portant la parole. (1) » Une heure et demie après, arriva Madame de Rosny qui partagea avec son époux tous les honneurs d'une brillante réception. Sully avait une suite de douze cents gentilshommes à cheval.

(1) La députation du Consistoire était composée des pasteurs Loumeau et Merlin, de Mignoneau, Thévenin, Boysseul et Joslain, anciens et diacres. Ce discours inédit de Merlin nous a été conservé par son *Diaire* autographe :

« *Monsieur, le Consistoire de cette Eglise m'a député pour vous faire la révérence et vous dire que nous nous treuvons fort honorés de votre présence en ce lieu et que nous louons Dieu de ce qu'il lui a pleu et au Roy de vous élever en des charges si grandes, si belles et si importantes à l'Etat. Nous vous supplions très-humblement, Monsieur, qu'il vous plaise apporter tout ce que sera en vous, en votre autorité, faveur et grandeur, pour le bien et avancement des Eglises Réformées de ce Royaume et de nous entretenir ès-bonnes grâces de Sa Majesté, d'autant qu'Elle n'a point de sujets et serviteurs plus fidèles, humbles et obéissans que ceux de la religion Réformée de cette ville. Une telle faveur nous obligera en particulier à votre très-humble service et à prier Dieu toujours, Monsieur, pour l'avancement de votre prospérité et grandeur, réputant à grand honneur, si vous nous honorez de vos commandements.* »

« En ce temps-là, ajoute Merlin, estoient fort disgraciés du Roy M. de la Trémoille et M. le maréchal de Bouillon. Le sieur de Rosny nous reçut fort humainement et nous promit de faire ce qui serait en lui pour le bien de nos Eglises. »

Cette brillante escorte fut entièrement logée dans les maisons bourgeoises de la Rochelle.

Le Corps de ville offrit à Sully un dîner dans la salle Saint-Michel. Il y eut dix-sept tables, la moindre de seize couverts. Les cavaliers qui avaient été au-devant du ministre d'Henri IV tinrent à honneur de le servir. Il y fut tenu les meilleurs propos à l'égard de Sa Majesté. Les toasts se succédaient au bruit du canon. On alla jusqu'à dire que si le Roi se présentait à la tête de 30,000 hommes, on lui ouvrirait toutes les portes, et que si ce n'était assez, on abattrait 300 toises de rempart. « *Si l'ancien proverbe est véritable, qu'au vin il y a vérité,* ajoute Sully, *il faut croire qu'ils ont dit ceci naïvement et sans aucun artifice, car par boutade et ayant bien chiqué, plusieurs jetèrent ces voix en forme d'acclamations en ce festin public qui me fut fait.* » Au soir, « *sur les dix heures,* « eut lieu une joûte » navale de « *flamands tirant la lance les unes contre* » *les autres à qui se renverseroit à l'eau. Un prix de* » *dix écus fut donné au vainqueur et plus de cent* » *coups de canon tirés par les vaisseaux de Chef de* » *Baie.* » Sully trouva dans une salle de la tour de la Chaîne une collation de « *confitures, dragées et abondance de pâtisseries.* » Le lendemain, entre la pointe de Coureilles (aujourd'hui des Minimes), et Chef-de-Baie, Sully assista à un combat naval simulé entre vingt vaisseaux portant les armes et panonceaux d'Espagne et vingt vaisseaux français. Après une vaillante résistance, les prétendus Espagnols furent faits prisonniers et conduits devant un tableau de Sa Majesté à son lieutenant-général, Sully, qui les mit en liberté, en vantant la clémence du Roi. Le départ de Sully fut, comme son arrivée, marqué par un acte religieux. Sully communia le dimanche 4 juillet, avec toute sa suite et MM. de Rohan et de Soubise, venus pour lui rendre visite ainsi que plusieurs jurats. Le lendemain, il partit avec son escorte d'honneur. De beaux présents furent offerts par la ville à Madame la marquise de Rosny, qui demeura avec son fils et son cortège jusqu'au 7 juillet, puis rejoignit son mari à Fontenay, escortée pendant quatre lieues par la cavalerie rochelaise.

Sully fut constamment le protecteur des Rochelais et il imprima à l'agriculture une puissante et féconde impulsion.

« *On sent dans Olivier de Serres* — dit si bien M. Doniol — *l'idéal qui anime Sully. C'est la tradition des laboureurs de Bernard Palissy qu'Olivier transporte au domaine seigneurial et que Sully met dans l'Etat. Une société assise sur le travail de la terre, où l'homme aurait cette vigueur morale que donne la vie rustique, où le travail accepté comme un devoir fonderait seul la richesse, où la richesse rurale dominerait l'économie politique, c'est la grande et sainte pensée de ces trois grands huguenots.* »

L'album, point de départ de cette étude, nous fournira la pensée qui la résume :

> « Le solide de la vie, c'est la sagesse,
> Le sel de la vie, c'est l'amitié,
> Le pain de la vie, c'est la tempérance,

> L'antidote de la vie, c'est la patience,
> *La vie de la vie, c'est la conscience.* » (1)

La conscience, voilà le secret de cette génération héroïque qui régénéra les arts, les sciences, les lettres, l'agriculture et la marine. Hommes complets, grands citoyens, savants et littérateurs, hommes de méditation et hommes d'action, humanistes, théologiens, penseurs, capitaines, historiens, poëtes, ils sont avant tout les hommes du devoir. Leur austère physionomie s'illumine avec les affectueux sentiments de la famille, se réchauffe au contact des sacrifices à accomplir, du bien à réaliser et l'unité du caractère marque de sa puissante empreinte une vie aussi remplie d'œuvres que de jours, qu'une seule et même pensée — celle de Dieu — a dirigée et inspirée depuis le berceau jusqu'à la tombe.

(1)
Sol vitæ, sapientia,
Sal vitæ, amicitia,
Panis vitæ, temperentia,
Antydotum vitæ, patientia,
Vita vitæ, conscientia.
21 may 1601.
BERNARDUS PALUDANUS.

La Rochelle, Typ. A. SIRET.